茶　　歌

윤종덕 시집

도서출판 경남

경남시인선●119

茶歌
윤종덕 시집

초판 인쇄 | 2008년 8월 25일
초판 발행 | 2008년 8월 30일

지은이 | 윤 종 덕
펴낸이 | 오 하 룡
펴낸곳 | 도서출판 경남
631-430 마산시 서성동 66-18
☎(055) 245-8818~8819
FAX(055)223-4343
http://www.gnbook.com
e - mail:gnbook@empal.com
등록 제2호(1985. 5. 6.)
편집팀 | 오태민 | 심경애 | 구도희

ISBN 978-89-7675-513-1-04810
〔값 8,000원〕

● 序 文

찻물을 끓이며
솟은 구름으로
쓴 시詩의 잔盞…
꽃잎들을
이어보았습니다
가슴을 찡하게 하는
금간 자국들 보이더라도
편편篇篇이
한 그릇의 밥처럼
허기진 마음 따뜻하게
양생養生했으면
합니다

| 차 | 례 |

제2부 차茶에 감전되다

제3부 심연향深淵香

제4부 찻잔이 빛나는 이유

제5부 산을 마시며

제1부

물 흐르고 꽃이 피면

눈아嫩芽 첫새벽

도심을 밝히는 불면의 가로등
비바람 부는 날에도 홀로 지새며
고향 마을 뒷동산 물안개로 피었는가
밤마다 희망의 빛 샛별로 돋아나고
한겨울에도 얼지 않을 푸른 기상
구석진 곳에 잠자던 먼지 끼인 찻잔
초록의 꿈 가지 뻗어 닿을 차나무처럼
야무진 실가지 쌓인 아픔 씻으려
새 마음 새 뜻으로 자리 털고 일어나
밝은 세상 펼칠 첫새벽 이슬 머금고
싱싱한 찻잎 다정한 애기 광주리에 담아
부지런할 손 세상살이 장작불에 덖어
멍석 펴 비비고 비벼 봄볕에 말리며
잘 빚은 차의 향기 숙성시킬 새벽빛
방 안 가득 구수하리라

물 흐르고 꽃이 피면

흘려보낸 세월 그냥 아니라며
온몸으로 연주하는 풀벌레처럼
상처 깊을수록 찬란한 음률
처절한 몸짓으로 기쁜 날 맞이할까
수많은 시간을 땅속에서 보내며
고요하지 않은 울림 뜨거워질 한낮
매미 소리 슬픔의 울음 아니라며
패랭이꽃과 마주앉은 냇물
그치지 않을 물결 흘러갈 때
타는 속 메마른 가슴 적셔주듯
살아가는 섭리 준비된 내일 있고
흥얼거리며 잔 바닥을 채우는 찻물
문자 밖 오감으로 차를 마시며
굽이치는 물 아래로 흐르듯이
노래하던 곤줄박이 차 속잎 물고서
높은 음 낮춘 몸으로 포롱이며
날아간다

복수초福壽草차

눈 속에 핀 노랑 꽃
물 끓는 소리 기다리며
미처 녹지 않을 잔설 골짜기
제 몸 녹여 쓰디쓴 찻물인가
새살 돋는 꽃잎 애태웠던 봄소식
독성도 때로는 약이 된다며
햇살 받으며 웃음 지으시던 아버지
밤마다 기침 소리 잠 못 이루며
해 솟으면 일터에서 고단함도 잊으시고
해 저물면 돌아오는 길목 자식 걱정 앞세우며
찻잔에 뜬 하얀 꽃구름 차를 달일 때
흰 머리카락 휘날리는 여명 같은 정성
장수를 비는 뜨거운 이슬방울
초롱초롱 열려 있다

순숙純熟

순환하는 물
타오르는 불꽃
춤을 추는 다전자茶煎子
뜨겁게 활활 하고
내딛는 춤사위 가열될수록
고른 숨결 물의 신령
하늘 향해 치솟는 숨찬 차구름인가
저울질하지 않을 꿰뚫음
수평 이룰 화목의 물소리
뒹굴며 노래하는 열정으로
뜨거운 행적들 어울려
담금질되어 가는 이음구슬
용솟음친다

꽃잎을 띄워 놓고

꽃잎을 띄워놓고
꽃잎을 바라보며
꽃잎과 한 몸이 된다

두 잎 몸 섞으며
일생을 같이하면서도
함께 마음 섞지 못하는
인연들을 생각하며
꽃잎은 물 위에서
빙빙 돌고 돈다

한마음 되자던
약속의 터널을 지나
먼 산 아지랑이
아롱거릴 때

이것은 아니야
처음 자리로 돌아가자며

꽃잎은 참고 지내온
날들을 발견하게
된다

산차山茶

별들의 반짝임에
흐느끼는 동백 향기
한겨울 세찬 바람에도
흔들림 없는 꽃봉오리
떨어지는 꽃 고결함이여
세월 따라 익어 가는
깊은 상처 빗질할 때
칠흑의 밤 두려움도 없이
나라 위해 마실 점액질
끓는 시간 몇 분 만이라도
고운 머리 붉은 입술
인후통 멎을까
소리 없이 우는 울음
눈시울 붉게 젖고
뱃고동 소리 어우러지는 날
멍든 가슴에 잦아드는 향기
겨울 끝에 핀 실화수實花樹
장렬하다

찻잔을 닦으며

숯불에 물 끓는 소리
반성적 자아 증발했는가
마시고 그냥 버리는 깡통
개성을 찾는 시대
발길에 채여 쭈그러진 얼굴인가
향은 달라도 나뒹구는 빈 껍질
물 끓는 소리 획일화되고
찻잔은 차별화되지 않았다
격물치지 사유가 실종된 오늘
다완茶碗을 자각하는 사람들
흰옷 입고 무릎 꿇어앉아
선조의 모습으로 되살아날 때
양지良知 위해 노력하는 일
봉양과 장사, 제사임을 깨달은 화로
정성 들여 닦은 소박한 찻잔
차를 달이는 사람들 있어
반들거린다

사뇌차詞腦茶

햇살 받아 반짝이는 영산강
모난 바위 깎으며 흐르는 낙동강
어렵고 힘들었던 바위틈 지나
큰 젖줄로 여전히 흐르고 있을 때
두만강과 압록강에서 찾아온 사람들
화개 자하차紫霞茶 차심든 사발로
화합 이룰 민심 둘러앉아 차를 마시며
애정의 환호로 용기 있을 물방울
전이轉移된 사랑 하나 될 때
잘잘못 따지지 말자던 한강
덩달아 인정人情이 끓는 금강
무럭무럭 피어나는 안개 약차藥茶
더 이상 마실 일 없는 날 기다리며
드넓은 평원平原에서 이 땅의 강들
합환다合歡茶 마실까
오늘도 병든 우리의 강 시들시들
흐르고 있다

삼매차三昧茶

채색彩色빛 꽃잎 생각
청춘도 영원하리라 믿었을까
파릇파릇한 젊음
홀로 차를 마시며
일렁이는 다선茶筅 따라
소라같이 점다點茶한 얼굴
초록바다 중심을 잡으며
빛의 울림 내밀한 믿음
뜨거워지는 온유溫柔의 창槍
하염없이 번득인다

상미끽다嘗味喫茶

다선茶筅 무겁게 쥐고
손을 가볍게 하여
흔들림 없는 정신으로
지켜야 할 다법茶法
마음에 품지 말며
바르게 몸 가다듬고
고요하고 빠르게
격불擊拂할 젓빛 안개
숨 고르며 마실 차 한잔
느껴지는 세상 법도法度
밝아진다

소요다유逍遙茶遊

하늘과 하늘을 소통시키는
칠흑의 밤 은하수 아름답죠
이 강을 건너는 사람들
허기진 배 병든 세상에서
꿈의 언어로 연결시키죠
한마음 되자며 서로 딴죽 걸고
잔 부딪치며 죽통粥筒 걷어차고
치유하기 위해 다시 잔 채우기도 하죠
이제는 진짜 한마음 되자고
온달보다 반달이 낭만적이라며
가짜가 예상되어 진짜마저 숨고 말죠
다들 멍청이가 될 때 한마음 되나요
욕망의 덫에 걸린 열망들이
빈 잔에 찻물 채우면서 말입니다
생활 속에 차 마시는 일
어지러운 세상 단순해질까요
아픔 들이켜듯 기원祈願을 삼켜봐요
점점이 솟은 별빛 사려 깊은 다도茶道임을
이제, 느껴봐요

안민차安民茶

그릇 속에 담긴 물
그릇 속에 담긴 목숨
그릇이 곧 사람인가
진흙으로 빚은 생명
신라 본초 나물
당 소경蘇敬이 명茗을 논하며
차가 새롭게 번성했다는 말처럼
서라벌에 새로 펼친 나라
밥 먹을 때마다 나물 먹으며
벌伐 중에 벌의 나라
풀 중에 풀 나물이라며
질그릇으로 차를 마시니
나라 주인이 백성임을 아는 그릇
지금도 숨을 쉰다

장군차將軍茶

가야 할 길이 있어
바위틈에 솟아난 살과 뼈
강건한 사람 건강한 차나무
다유茶乳의 덕성 휘감은 산
편견 없이 바르게 자라
골을 따라 산마루 따라 서면
잠들지 못한 가야 혼백
큰 뜻 품은 장유 골짜기
차가운 눈보라 휘날리어도
더 이상 차가울 것 없는 벼랑
눈앞에 펼쳐지는 빈 들판 보이고
노아露芽 같은 백성 돌보기 위해
토기에 고인 젖샘으로 차를 달이며
흔들림 없는 망망대해
여태껏 잠들지 못해 살아남았을까
파도 소리 말발굽 소리
찻물의 함성 북소리 울리며
번갈아 바라보는 하늘 아래
천년의 차나무 아직도 살아 있다

찻물이 끓으면

책을 마시듯
찻잔을 펼쳐든다

풀벌레 귀뚜라미 노래
흐르는 계곡 물소리
청 청 청 젖어드는구나

이슬아 달래야
깨끗한 물에 손을 펼쳐 보아라
볼록이는 숨구멍마다
청아한 물소리 난다

달빛에 세수한 책
햇빛에 반짝이는 책
신비의 세계는 상상하며 읽는 책

책을 읽으며 자라나는 아이처럼
물고기도 물 마셔 몸집 커진다

차茶를 마시며

차茶 마시는 일은
녹은 향기와 녹는 색깔과 녹일 마음으로
굳은 마음 평정하여 물에 풀어놓는 일

이미 젖어드는 몸
차가 자신을 마시듯
마음 비워야 할 상쾌함이
가슴에 쏟아진다

마시기도 전에 향기롭고
비우기도 전에 보여지는
찻잔을 잡으며 마시고 비우는 일
반복하고 되풀이하는 연습

녹아 있는 색깔
그대로의 맛을 느끼며
향기로운 삶 가질 수 있는 이
잘 우려진 정갈한 사람 되리라

차움〔嫩芽〕

흰 눈 내리는 산비탈에 다소곳이 앉아
별과 함께 도란도란 꿈꾸는 나무들
폭설에도 푸름 잃지 않고
바람에도 흔들림이 없다
견디지 못할 고통이 어디에 있느냐
풀어내지 못할 삶의 매듭이 어디에 있느냐
희망 가지에 펄럭이는 일창이기一槍二旗
첫새벽 맺힌 이슬 움 하나 가져
고요한 산 봄비 내리고 청명한 햇살 돋을 때
한잎 두잎 잎을 따는 아낙의 손길로
가마솥에 몸과 마음 익어 가는 차
불꽃은 잉태의 선물, 움들이 향香으로
피어난다

봄날 화개리

푸른 샘물 우러날 제 달빛에 환한 얼굴
나무 뿌리 정기 솟아 무꽃 피어 고운 땅
차향기 돋아난 산동네 쉬어 가는 찬바람

하늘도 푸르구나 구름꽃 흘러간다
찻잎을 따는 아이 해맑은 웃음 속을
길손아 함께 어울려 만물차 마시자

인심도 따뜻하여 바람도 포근하고
장다리꽃 나비 앉아 발걸음 머문 언덕
정성도 찻잔에 끓어 젖어드는 화개리

춘설송春雪頌

향불 사그라지고
범패梵唄 소리 멎은 밤
주인 없는 달빛 찻잔에 잠들고
세상 밝혀줄 노승의 새벽

길손 바삐 움직일 때
돗자리 틈새 개미 한 마리
한가하게 방바닥 누비며
아침 예불 지켜보고

불행不幸 깨부술
폭포마저 언 설산
얼지 못한 찻잔 다유茶乳
근심걱정 멎었을까

회우檜雨

어차피 생은 전쟁인가
비바람 몰아치는 숲 속
한가하게 차 마실 시간 어디 있으랴
고르지 못한 날씨 탓에
순수 빛깔 평화는 쓸려가고
제비들 아파트 찾아
날개 젖어 잠시 쉬어가니
전깃줄에 잠자리들 날개 접고
모처럼 누릴 휴전상태라
나뭇잎 흔들리고
사람들은 차를 마시고
바람 불어 떨어지는 빗방울
전쟁은 왜 하는지
매미 울음 그치지 않고
변덕 많은 일기예보 울고 싶은 매미들
차라리 노래한다고 소리치면 안될까
요란했던 물방울 폭우로 내리며
파도 소리로 끓고 있는 찻물
이제 그만….

다색미향茶色味香 찾아서

산 위에 앉아서
강을 바라보는 찻잎
새움 틔우며
정을 심은 한 잔
사랑 맺을 두 잔
행복 피울 석 잔의 산하에서
차를 마시는 사람들도 덩달아
한 잔 들고 맘 가다듬고
두 잔 들어 눈 밝게 뜨니
석 잔에 남과 북을 보면서
한마음 될 때까지
향기 머물 골을 찾아
가지마다 뻗은 초록 날개
모둠발 모아 하늘로 날을 준비
되어 있다

제2부

차茶에 감전되다

매화차

백자 찻잔에
온 강이 얼어붙고
온 산이 헐벗어 메마른 밤
꽃잎을 띄운 얼음꽃
갈증 녹여낼 신록의 물빛
올곧은 청상靑裳으로
젖은 달빛 토해낼까
봄바람에도 뒤척이는 산하
신경 과민마저 잠든 고요
엄동설한에도 춥지 않을 듯
희다 못해 파르스름한 월궁月宮
허벅지에 핀 하얀 꽃잎
절개를 다스린다

찻잔 속의 얼굴

한 잔의 차를 마시며
손은 공손하고 발은 무겁게
얼굴빛 온화하고 머리 바르게
숨 고르며 마음 편안하게
밝은 감정 의젓한 행동
신중한 말소리 고요하여
무심코 마셨던 차
음다飮茶로 조금 느꼈을 때
행다行茶의 소중함을 깨달았고
세월 흘러 끽다喫茶로
모든 걸 잊어버리고
진정으로 차의 모습
찾아가는 사람들
마시는 즐거움으로
다인茶人이 되나보다

다호리茶戶里에서

귀한 발걸음을 하였던가
자신을 되돌아보게 하는 축부수竺副帥
다인茶人의 길 밝혀주는 저려오는 반짝임
혼령으로 돋은 가야의 찻잎 일창이기一槍二旗
귀때사발에 꽃피운 순백純白의 다유茶乳
찻〔茶〕물 끓는 소리 따라 찾은 백화白花의 고향
솔뿌리 사이로 솟은 샘물 뜨거워지는 영혼
초원을 달리던 말발굽 소리 아련하고
철을 생산했던 대장간 자취도 찾을 길 없어
대륙 사내와 해양 여인을 위한 진혼가鎭魂歌
울려 퍼지는 산 아래 흰 구름만 자욱하니
바람에 나부끼는 것은 깃발의 소유가 아님을
시간의 숲을 더듬는 장군차將軍茶밭
휘날리는 찻잎으로 조상께 차례 지내려
길고 긴 낙동 뱃길 남해로 흘러
까맣게 잊어버린 밤하늘 별과 함께
찻물 끓이는 사람들 지금도 살고 있다

미소 짓는 꽃구름

동쪽에서 매일 해 떠올라도
똑같은 하루가 아닌 날
꽃을 사야 한다고 말하는 순간
그 꽃은 이미 꽃이 아니다
그래도 꽃을 사야 한다
꽃병에 물을 주는 아내 얼굴 보면서
찻물 우려낼 때 내는 향과 같은 꽃을
정성으로 우려낸 찻물이 제 맛이듯이
오늘은 어떤 일이 있어도 사고 싶다
꽃을 가꾸는 손길 보기도 좋고
비틀거렸던 발걸음 똑바로 걸어
활짝 핀 웃음꽃도 바라보고 싶다
아이들도 덩달아 찻물 머금고
꽃을 보며 방긋방실 웃는 모습
푸른 하늘에 흰 구름 고운 날
아내의 생일이다

손에 손잡고 차 마신다

즐겨 차 마심이란
차나무 가꿔 좋은 차 만드는 일
찻잔 속에 한바탕 어울려서
차와 더불어 잘 사는 나라
화목함을 아우르는 순정탕처럼
지역의 분열과 계층 간 갈등마저
매듭 풀어내듯 세상이치 밝히는 일
대통합의 목구멍 이기심 씻어내며
근심걱정 마시며 비워내는 몸짓으로
화랑정신 논할 대청마루마다
효도를 근본으로 삼은 가풍 매달아
검소한 생활 탐구하는 삶 실천하여
문화유산 길 밝히고 보전하는 노력을
부모 형제자매 모두 상부상조하여
작설차 향기 피어나는 손 맞잡으며
그윽한 산하 일굴 화합의 일상이다

외롭지 않을 단군차

찻잔 속에 녹은 의식
찻잔 절로 생겨났는가
맨 처음 아버지
생각에 젖어드는 차

'자기自己' 라고 하는 인간
태어남이 원망스러울 때
스스로 태어난 사람들
거품일 듯 차를 마실까

나 없음으로 마시는 찻물
서러움과 아픔 우려
혼자 마시며
어버이 없는 사람 없을 이 땅

장롱 위 지극 정성 외롭게 식어
어버이라는 이름 종극終極에 닿을까
잠든 혼령과 함께한 찻잔
홀로 앉아 있어도 즐겁다

두레마당 씀바귀

동해의 아침 밝히고자
어두운 밤 온 달 되어
풀들 모아놓고 조선 도茶
시작이 돌아서면 끝이 된다는 걸
나누고 있는 중이다
하늘에 얼굴 내민 단군
누리에서 꼴찌를 자처했을까
본디부터 쓴맛이 차의 본적이라
고채苦菜야말로 섬김의 나물
풀 끓여 마시며 예禮를 익혔던 사람들
섬돌에서 번성하여 조상께 절하는 석초䄷草
곰의 화신 웅녀가 흙을 빚어 낳은 아이亞伊
바람에 흔들리면서 걸음마하고 있다
도 · 개 · 걸 · 윷 · 모

햇 차

봄날, 차를 마시며
"일구춘설승제호一甌春雪勝醍醐"라
깨달았던 옛사람처럼
한 잔의 차 마시면서
풀잎에 의미를 붙인 사람들
네 잎의 토끼풀 그냥 풀 아니라며
행운을 잡으려고 요행僥倖 바랄까
어울릴 줄 아는 사람 맘 빗장 열고
같은 마음 하나 되는 일
터놓고 함께 마시는 차 맛
땀 흘리고 난 후의 상쾌함을
노력하면서 마시는 찻잔 속 무늬
네 잎 클로버가 행운이 아니라
춘설차 제호 맛이 행운임을
아는 사람 다 알고 있다

차에 감전되다

살아서 숨쉬는 몸
도道는 증발하고
살아 있음의 고마움만
입 안에 고여 미소 짓는 날
혈액처럼 고여 있는 찻잔
잔은 차의 원류, 생명의 동맥
몸의 역사 박혀 있고
흐름의 몸통 움켜잡으며
살갗으로 전해지는 뜨거움
감지하기엔 느낌에 거리가 있어
뼛속 깊이 전해질 차의 영靈
마시면서 깨닫게 되는 부족함을
의절과 충성의 잔 다시 들 때
보이지 않는 형상
감전感電되었던 맥박
죽음보다 진한 피 속 매화차
오늘도 사약처럼 마실까 보다

침샘 고이면

찻잔의 수만큼
입 안에 고인 샘물
물결 아롱지면
속내 드러내는 찻잔
소탈疏脫해지고
욕심 없는 도공
진흙으로 빚은 찻잔
앞 못 읽은 세상에도
하늘 물빛 살아서
맑아지는 지극 정성
담백 또 담백하여
쓱 빚어내는 손길마다
솟아오를 빛 보아
온 세상을 밝히고
있다

유채차

입 안에 고인 향내
깨고프지 않을 꿈인가
낙동강변에 핀 노랑꽃
별빛 닮은 봉오리마다
젖보다 달콤한 찻물
밝게 빛나는 십자화
주렁주렁 눈망울 매달고
우리 님 오실 때
씨앗 따 기름 짤 열매
밤새도록 얘기해줄 꽃차
봄바람에 출렁인다

백산차白山茶

불에 익혀 무친 밥상
우리 밥 풍속도 펼치려고
국물 마시며
나물에 밥 비벼 먹고
살아 있음에 감동하여
메밥 올렸던 기일忌日
백두산 고운 풀
가난하지 않을 청빈淸貧
생활 속 실기實記 남겨
숨을 쉬는 의식주衣食住
슬기로운 살림살이
고진감래苦盡甘來 배달의 풀
여전히 돋아난다

개천차開天茶

열락悅樂과 한 가정 이뤄
가도 오지 못할 나무들
귀 기울이면 하늘 길 열리는가
소중한 땅 인연 버리지 못해
흐르는 물 따라 뿌리 발뻗은 산
꽃 피어서 둥지 찾던 새들도
달빛 아래 휘영청 모여
어울려 맞잡은 가지마다
물을 잘 갈무리하는 박달차나무
시간을 잘 활용하는 봄 일터마다
햇빛 쨍쨍 나도록 생업에 불 지펴
나무 물 빨듯 생기 빠는 작업
고뇌의 찻물 마셔야 할까
생로병사 해돋이 끝이 없고
물 마르면 목숨도 다하는 세상
지상에서 뿌리내릴 때까지
땀방울로 우려진 찻물 마시며
이어갈 호흡 잘 열게 할
우리 차茶 가족이다

차고목이 일러준 말

어둠 뚫고 올라선 모습
고목도 순연해지면 싹을 틔우는가
도반道伴들 모인 자리마다
당나라 노동盧仝은 차의 노래에서
한 잔에 입술과 목을 축이고
두 잔에 고민을 없애며
세 잔에 마른 창자 적셔 문자 50권 지식을 얻고
네 잔에 땀을 내어 불평 사라지게 하고
다섯 잔에 뼈와 살결 시원해 하며
여섯 잔에 귀신과 소통하고
일곱 잔에 양 겨드랑이 날개 달아
신선이 됨을 깨우친다 노래했거늘
어둠 다시 내릴 즈음
끽다喫茶로 지새울 때
오늘날 차를 마시는 우리
어떻게 차 노래 지을까
아이 되는 순박함에서 찾으려 했으나
늙은 차나무 먼저 싹 틔우며
지식으로 깨우치지 말고
제 몸 썩어야만 새순이 자란다며
바람결에 흥얼거린다

다고랑茶鼓浪

청자 빙렬氷裂 사이로
옛사람 물 끓는 소리
무늬로 보여준다
작은 기포 게의 눈
조금 큰 것 새우 눈
좀 더 큰 것은 물고기 눈
그 다음 이음구슬이라
커피를 뽑아 마시는 사람들
이젠 농사도 짓지 않아
농악대 소리 없듯
편리함에 갇힌 물
끓는 소리 안 들리는 자판기
표현하지 않고도
살 수 있어 생각 없는 세상
종이컵이 말을 한다
"이제, 종鐘 울려 작업할 시간
나를 쓰레기통에 버려주세요"
소모품이 된 생명 버려질 때
뜨거운 차 물결치는 소리
들려온다

칡 차

힘들 때 굶은 날이 많아
밥이나 실컷 먹고 싶다던
어머니, 피 맑아지는 풀
끝까지 모르는 것은 모른다며
인정머리 없을 아버지 속끓임에도
밥 굶기지 않겠다는 말에 감동하여
하늘이 땅 데워도 무너지는 설움 잊고
함께했던 생의 날들 칭칭 감으며
대쪽 같은 할아버지 숨찬 사랑마다
손과 발이 된 어머니의 간병일기看病日記
쓰디쓴 날의 쥐구멍에도 볕 뜰 날 있으리라
늘 좋게 말씀하시는 아버지
삼촌 탓하지 않는 모습에 또 감동 먹고
불의 어루만짐으로 속내를 드러내는 숙우熟盂처럼
슬픔이 코끝에 고이는 변화된 모습으로
넝쿨로 눈물구멍 꿰매시던 어머니의 찻물
하마 마를까, 오늘밤도 삼키면서
찻잔 속 눈물을 비운다

표주박 찻물

입으로 마실까 짐승처럼
정신 차려 땀 흘리며 마실까
흥부처럼 박타면서
할아버지 할아버지가 마셨던 물
맑고 시원했다고 해요
물처럼 세월 흘러내리며
물 마시는 법에서 짐승이 사람 되고
일하지 않으면 물도 마시지 말라며
고된 일한 뒤 기쁨을 느꼈을 때
물은 감로수甘露水라 했거늘
비바람 속에서 태어난 물
도무지 시원치 않다는 아이들
정수기가 필요하다나 어쩐다나
한 잔의 물이 그릇에 담길 때까지
자연정수기 통해 품었던 시원함이
할 말을 잊은 오늘이다

청천비색青天秘色

우주감각과 맞닿아
신비에 젖은 찻잔마다
푸른빛 더하는 계곡 물소리
사려 깊은 수목樹木을 적시며
오묘한 맛을 더하는 산속에도
세진世塵 휘날리는 바람결 있을까
다흥茶興에 젖을 오관의 연마
이끼 낄수록 짙은 어둠 내리고
집중할 끽다喫茶의 생리
자랑하지 않을 운치 처음부터 간직하여
비취색 하늘 빼어난 그릇
정숙한 멋 돋울 다반사茶飯事라도
'하루에 천리를 나는 새
밤이면 나뭇가지에 잠을 잔다' 는
노자 말씀 빌리지 않아도
깊은 산속 학이 되어
초월을 꿈꾸는 푸른 기상 닮아
뿌리 깊은 나무에 홀로 앉아
있다

수선화차水仙花茶

돌담 아래
조심스러운
긴 다리 꽃대
흔들리는 구름
진종일 바라보다
쓰고 매운 꽃잎
호랑나비처럼
날고 싶어도
하얀 속살 다칠까봐
한 발짝도 못 걸어
가만가만 짓는 웃음
봄바람에 스치는
해맑은 향기
머금고 있다

월광차月光茶

다향茶香은 아내의 속내
생활 속 향기 없다고
투정 부렸던 날들의 창가
창문을 여는 아내의 손
깊은 밤 달빛 고요
무슨 향 닿을까
자다가 자다가 꿈결에
있는 듯 없는 듯 그윽함을
잊었던 기억 되살리며
찻잔 속 향기 들려주려고
스스로 달빛 향기 되어
온몸을 휘감는다

제3부

심연향深淵香

감미후甘味嗅

코끝에서 맴돌 하루 찡하여
한 모금 마시고 숨 내쉴 때
비로소 알았다는 깨침의 입맛
마시지 않고는 느낄 수 없음을
맛 모르고 마시었던 날들의 어리석음
힘든 몸짓 무거운 발걸음도
어둠 지나야 밝아오는 새날처럼
쓴맛의 발효향 고이는 은은함을
만끽할 수 있는 평온한 시간
세상 탓하지 않을 기쁨 넘쳐
견딤의 세월 체득케 하는 차
맛이 없어도 왜 마시는지
조금 알 것 같은 봄날 아침
눈뜬 햇살이 반짝인다

난차蘭茶

은은한 자태
가느다란 허리
요요히 젖고 젖어
자제력 상실한
속내마저 탈 때
하얀 소심素心
기품 있는 꽃대
무미건조함을
노래하는 꽃잎
순박한 향내
해맑은 부드러움
결코 약한 것 아니라며
꺾을 수 없는 정절貞節
방 안에 가득하다

동사동흠同祀同欽

그윽한 청암묵계
핏물도 함께 흐르며
찻잔 들어 흠모하는 마음
혈육이 같다한들
제 몸처럼 여길까
흰눈 내려 멍한 세상
같은 부모 섬기면서
홀로 마시는 음복
도원결의 이상향 어디 있으랴
백운산 달천고개
천자봉 곤곤장류滾滾長流
구름으로 떠 있는 눈물
통곡하는 종묘사직
잔 잡아 줄 까치 없어도
누리 감싸는 녹차 향기
산봉우리 휘돌아
남해로 흐른다

무의차無意茶

말없이 사랑한다고
속삭이면 안되나
맹물을 마셔야 하는
이유조차 느낄 수 없어
마셔도 찾을 길 없는 차
그냥 마시는 거라고
길고 긴 날 밤 다짐하면서
무의미가 의미라고 말했던
시를 읊조리며
우주의 호흡으로 출렁이는 해일처럼
지구를 들었다 놓았다 반복하면서
차 이름을 부를 때
바다로 떠난 사람
말 없는 속삭임 출렁거리고
맛없음이 제일 좋은 맛이라며
파도가 일러주고 있다

비취향翡翠香

벗들이여 잊었는가
뼈에 사무치는 초록의 빛
숯이 될 생명
맑고 차가운 기운
시간 가는 줄 모르고
거푸 거푸 마시며
한술 뜬 다시茶匙의 차
깨어진 사발 안고서
찬란했던 젊은 날의 기억
다혈茶血을 마시었던 흑야黑夜
마음속 회오리바람 돌지 않고
풍류의 다선茶筅도 닳아
빛의 맥박 멈춘 심장
버려진 물 고인 퇴수기退水器
빛깔마저 잔잔하다

설화향

오지항아리 눈을 녹여
눈물(雪水)로 차를 끓인다
잠에서 깨어난 하늘
고요한 땅 꽃 피우려고
문풍지마저 얼어버린 날
봄마중 가는 산골짝
피리 소리로 꽃 피우며
잠든 만골萬骨 싸늘한 가지
내린 눈 무덤 덮어 흔적이 없고
말라버린 가지에 돋아나는 꽃잎
흰 살결 솔잎에 찔린 상처
환희로 휘날리는 눈꽃(雪花)들
합주合奏하고 있다

솔잎차〔松葉茶〕

산림에 잠든 혼령들이여
달나라에서 빻은 솔잎 향로
사무침으로 흩어지는 만감萬感
뜨거운 찻물 식기 전에 마셔봐요
찻솔〔茶筅〕 휘저으며 성묘할 때
햇볕 들지 않는 땅속
숨막혀 어디 편안했을까
피어오르는 김 서린 정情마다
방울방울 솔방울 씨앗눈물 떨구며
시원한 찻물 마시고도 편치 않아
보득솔 가지처럼 돋아난 근심걱정
무덤 가 잔디밭 햇볕 잘 들도록
자라기 전에 싹둑 잘려진 솔잎 눈물
송편도 빚었어요
어서 일어나시어 절 받으시고
현손玄孫 재롱에 온갖 시름 잊고
주무셔요

차신령 있을까

순숙純熟의 찻물
끓으며 비상하는 몸
어깨날개 무게 있을까
지위 높을수록
중상모략 피어나고
고상함도 지나치면
비난이 뒤따르는 세상
잠재울 수 없는 물 끓음
닫힌 뚜껑 속 동요된 열기
내뿜지 못할 구멍 속
다 발산시키지 못한 울분
탕관湯罐 천장에 매달린 명성
열탕을 제대로 식혀야
잘 우러나는 차茶의 뼈대
물과 불의 세계는 요지경이라
바람 불면 흩어지는 차의 구름
가벼운 바람에도 흔들리며
춤을 춘다

심연향深淵香

적막한 매산梅山골
햇살 내리쬘 때
솔바람 타고서
숲 속에서 놀던 새
찾아온 초당 마루
맑은 물에 젖은 졸음
깊은 산 이슬인가
낮잠에서 깨어나
홀로 끓인 찻물
시름 잊은 듯
오가는 사람 없어도
뼛속까지 감미로운 차 향기
입 안에서 맴돈다

점다향點茶香

흰 구름 두둥실
비껴 가는 가을 길목
안산案山 홍엽紅葉
송구悚懼할 일 없어도
얼굴 붉어지는 날
차 마시는 촌로村老
은하수 띄울 까만 사발
속립아粟粒芽 물빛
나부끼는 아기 단풍처럼
갈무리하는 손놀림
머리 희어질 숭고崇高
찬란한 몸짓이다

젖내〔乳香〕

종이가 내는 맑은 향내
편리한 오늘 아침
???
할말 잃은 무명베
소 될까 말이 없고
…,
꿈꾸며 자라는 세상
눈뜨지 않고 보이는 세계
…,
포근한 이부자리
소젖으로 키운 아이
!!!
소망 틔울 차나무
뿌리 편하게 뻗을까

점토향粘土香

상실된 땅 생기 찾은
꽃의 개화開化
연꽃은 침묵을 깨워서
역사의 늪 더듬고
쭉쭉 뻗은 늪의 정력
녹지 않을 자제력
시대상을 담은 그릇
야무지고 아름다운 형상
꼭두새벽 이슬 머금고
거듭나는 진흙의 생애
불타지 않을 늪의 향기
그윽하다

존양차存養茶

망상의 틈 없애려
오감을 집중하며
고요하게 눈감고
천지에 몸 맡겨
뜨겁게 호흡하고
흐름 숨결 따라
코끝에 맴도는
은은한 향기
오욕칠정五慾七情 씻어낼
육체에너지
안정을 취한다

생생향生生香

상실은 고상한 취미
이 땅은 주검훈련장
날마다 차를 마시며
실패는 또 다른 성공이라고
속살거리는 찻잔
사람이 죽더라도
모든 게 끝나는 것
아니라며
이 땅에서 저 땅으로 갈
진행형의 죽음을
때려주면 잘 도는 팽이처럼
일어서는 바람 저어갈
겨드랑이 양쪽 날개
되살린다

좌망차坐忘茶

동양사람 황색
서양사람 백색
아프리카 흑색 사람
천대받고 싶은 종족 있을까
칠흑 같은 달
세월에 덧칠되어
진해진 세상
살색은 없다
차 한잔 마시며
우월하다는 생각
관념일 뿐
찻잔 속 원시의 땅
주인 없는 지구
땅따먹기놀이로
얼굴에 남은 색깔
퇴색된 흔적이다

한차寒茶

머리 쓰는 일
딱 질색이라는 아이들
생각 없이 그냥 살아가며
슬기롭게 사는 것
만사 잊기라
하고 싶은 것도 없죠
할 일 잊고 지내온 날들
후회되지 않나요
채우는 훈련 넉넉한 재미
비우기가 지겨우면 다들 채우죠
넘치지 않고는 비울 수 없듯
단순하게 사는 것 지혜라지요
담담하게 지각하고
마음 진정시킬 찻잔
반성하는 생활
차를 즐겨 마시는 애다가愛茶家
반열에 오른다는 말처럼
건조한 말 있을까요
맛없음이 최고의 맛임을
마시다 보면 알게 되죠

진색방향眞色芳香

매화梅花가 피면

늠름한 화롯불
시련에도 변치 않을
역경의 무게
찻물 끓는 소리로
비상하고

정갈한 찻잔 속
마실수록 담담한 꽃잎
흔들림 없는 향기

아낙의 정성으로
고여 있다

청향옥로淸香玉露

초록바다 초록빛 그릇에
한가하게 낚싯대 드리운다고
좋은 사람 낚을 수 있을까
신선놀이 장기바둑판에도
피 냄새 진동한다는 선인의 말씀처럼
게임에 빠져 있는 아이들을 보며
걱정하는 어른들 속상하기는 매일반
본디부터 애들은 향기가 없고
철부지 불투명해 내일 모습 볼 수 없듯
차라리 차 한 잔 마시고 속이나 차려
흐르는 행동 안 막고 흐를 방향 일러줄
어린이 밥그릇에 생각의 힘 담아줄 때
처음부터 없던 향 스스로 자리잡고
보이지 않던 투명한 모습도 되살아
그릇이 품은 동심童心 해맑게 빛난다

효향曉香

새벽닭 울음소리 들으며 아침 햇살로 걸어오는 하늘 반가운 이 만날 듯 향을 피우고 신명을 두드리던 축제의 울음 석류꽃으로 피는가 닭은 또 울음 울며 날 밝아도 쫓기는 듯 살아가는 사람들 마셔야 할 노동 정리하지 못한 소망 가다가다가 꿈길 끊어져도 목적지 잃은 암노루 마냥 사는 재미 마음 쓸 여유조차 없어 눈부신 아침 행렬로 늘어선 사람들 길 위에 꽂힌 첫새벽 재가 되는 날 가슴 터지는 오늘 신록이 산을 찾는 봄 축제 향기로 피어나는 산 찻물 대신 맹물 마실 해님이 산 해돋이 하후상박 한 자리 숫자 헤아리며 여기저기서 닭은 또 합창하고…있다

흠향숙歆饗熟

하늘 아래 산 큰 산 아래 사람들 사람들은 산을 보며 뜻을 세우고 산은 하늘 보며 소원을 빌죠 흰 구름 두둥실 떠가는 이유는요 아침에 꽃 피우고 저녁에 맺을 봉오리 쉬어갈 곳 필요해서지요 진흙 속에 핀 꽃을 보며 신 같은 귀신의 사람들 백팔번죄百八燔罪 씻으려는 얼굴 산 푸르니 씻을 길 없는 안개처럼 쉬! 쉬! 쉬! 허물 덮으려 향 피우고 아귀餓鬼같은 신 필요해 경숙經熟도 구름 닮아 이슬처럼 합장하고 신령神靈 같은 열탕 끓어요 하늘 끝에 선 구름 하늘 닮아 산봉우리에 앉고 싶은 마음 누구나 다들 지니고 다니죠

제4부

찻잔이 빛나는 이유

달항아리

화려함을 지우려
분칠하며 살아온
도공의 세월 속
달덩이 같은 각시 있어
밤새도록 흙을 반죽하고
청잣빛 손놀림
매화를 새겨 넣고
첫날밤 댕기 풀듯
고요 속 열정으로
회오리바람 물레질
장작불 지피고
꿈을 심는 찻잔의 굽
활활 타는 손끝으로
합방할 두 그릇
새색시 닮아 하얀 얼굴
달처럼 소박하다

무애사발無碍沙鉢

하동 새미골 청이도
웅천 두동 이도다완
갯바람에 주름진 이마
밥그릇이면 어떻고
다완이면 무엇하랴
달필의 손끝
빚은 무작위 무기교
취사선택하지 않고
무심코 빚은 큰 혜안
가필 없는 일도회지一刀回止
빠진 이(齒) 하나 보여도
웃음 속 해맑은 표정
할아버지 얼굴 같은 그릇
정좌한 본성 숨 고르며
송풍회우松風檜雨에도 온화한 품성
다화茶華로 피어난다

진사반영辰砂反影

님과 같은 찻잔 세계
찡그리면 같이 찡그리고
웃으면 그대로 웃는 표정
가을 산 골바람 되어
향기 흐르는 그릇
곱게 물든 사랑의 빛
숨기지 않을 사람
품에 안고 잠들었을 때
흙덩이 속 꿈의 숨결
사려 깊고 인정 많아
선경 명승 다 접어두고
여염집 찾을 수줍음
백년해로 반려된다

백산요白山窯

백자를 닮고 싶어 정든 흙 반죽하며
불빛에 그을린 얼굴 맑은 산 흰뫼
때깔 좋은 외길 힘들지 않았을까
말수 적어 신중한 사발 잘도 빚으며
공부 잘하는 사람 공부가 쉽고
흙 잘 만지는 사람 그릇 만들기 쉽다며
꽁지머리 휘날려도 세월 탓하지 않고
이제는 놓아야 할 때라 하면서도
자식 같은 그릇 또 빚으며
찻물로 세수한 천목다기天目茶器
고운 빛깔 빛나는 은하수
새롭게 불 지핀 진례땅 가마
건강하고 건장하다

요변窯變

원하면 이루어질까
비우면 이루어질까
흩날릴 다향茶香 변화 바람 일으켜
원하는 모습대로 이룰 사람
간절하면 이뤄질까
집중하면 이뤄질까
사랑해야 할 땅 찻잔 잘 빚어지고
절절한 사랑 행동하여 이룬 날
스스로 빛나는 태양을 품은 가마
가장 낯선 모습을 결정하는 순간
밤새껏 숨도 쉬지 않을 듯
타오르는 불길 고요 속에 뜸들여
비밀의 문 굳게 닫은 지 몇날 며칠
밤은 문을 열고 아침을 맞이하려고
어느새 고운 흙 찻잔이 된다

경의잔敬義盞

김해 신어산神魚山 산해정山海亭에서 학문에 정진했던 남명南冥 선생의 고향 합천 삼가 토동이라 환향해서 지은 뇌룡정과 계부당 벼슬길 버렸어도 문정이란 시호 받아 영의정에 추증追贈되었고 가르침은 '경敬'과 '의義'로 요약한다 문하門下에 곽재우와 정인홍, 김면을 배출하면서 경으로써 안으로 곧게 하고 의로써 밖을 반듯하게 하라는 도야陶冶의 정신을 정구, 정탁, 김효원을 위시한 강호산인江湖散人들 어디 갔을까 남해 설천면 덕산리 산비탈 하천재荷泉齋에서 저녁놀 지는 줄 모르도록 잔 속에 생기 불어넣고 계시는 아인亞人선생께서 지금도 남명의 '의'와 '경'이 숨쉬도록 인공호흡하고 있어 이유를 사뢰었더니 찻잔을 들어 마주 앉은 사람을 존경한다는 의미에서 '경'자를 바라보고 '의'자를 보면서 자신이 올바르게 살기를 노력한다는 뜻에서 글을 새겨 넣었다고 말씀하신다.

도공陶工의 혼

야무진 그릇 하나 얻으려고
외길로 살아온 찰흙 매만지다
마음대로 되지 않는다며
자식 같은 그릇 모두 깨어 버린다

쨍그란 쨍그란
가슴에 금이 가고
쨍그랑 쨍그랑
메말라 갔던 여유의 샘물

깨어진 그릇 땅속에 묻으며
남은 미련도 깨어버리고
허공에 남은 정 하나마저
꼭꼭 묻으며 마음을 진정시키는 날

물과 불 잘 가려야 한다
우리 흙 잘 빚을 수 있다며
흙은 동포요 이웃이자 가족임을
뼛속 깊이 새기며 불을 다시 지핀다

비색소구翡色小甌

솔바람 불어 꽃이 필 때
보고 싶은 사람 있다 했던가
안개 그리움 피워내는 찻잔
끓는 물 애끓어 하얀 세상
여유의 끄트머리에 서서
멀리서 바라보아도 또렷한 모습
아내의 얼굴처럼 정겹고
설렘의 빛깔 숨 고르며
휘영청 외줄을 타는 물총새
눈감아도 뜨거워지는 눈시울
어머니의 손처럼 젖어 있다

석조石竈

화랑사선花郎四仙 놀던 숲 속
달빛에 세수한 매화가지 꽃망울 벙글때
손때묻은 돌부뚜막 찬바람만 일고
외로운 돌호박(石臼)에 앉은 산새들
돌우물에 고인 물로 찻물 끓일까
산동네 어린 솔가지 잡초처럼 돋아나서
철썩이는 동해 파도소리 들으며
조잘조잘 노래하는 새들과 같이
교과서와 참고서 목청껏 읽으며
힘든 생활 잘잘못 따질 겨를 있으랴
나라 위해 목숨 바칠 화랑도 없는 시대
맑은 마음 가진 신선神仙 찾을 길 없어
두터운 옷을 입은 헐벗은 나무의 숲
추위도 모를 껍데기 속에 갇힌 생명들아
변하지 않는 땅에도 어김없이 봄은 찾아와
신록으로 옷을 갈아입는다
지금은 새학기 새로운 다짐으로
꽃잎 널브러지도록 정다움도 끓여보자

궁중진사宮中辰砂

뜨거운 불길에도
타지 않고 견딘 흙
강건하고
야무진 차림새
곤룡포 입은 듯
구중궁궐 임금의 잔
진홍색 광석 육방정계
오묘한 빛 채색된 얼굴
불꽃으로 만든 추상화
황과 수은 화합물
화려한 변신
눈부시다

찻잔이 빛나는 이유

찻잔의 늪 넓고 깊은가
풍족했던 날에도
담지 못했던 넉넉함을
비 올 때 물 고이듯
배부를 때 배고픔 생각할
한 잔의 차에도 깨칠 도 있음을
알알이 일러주는 물방울의 빛
그릇에 담긴 영롱한 뜻을
알 리 없는 젊은 날의 혈기
얕은 생각 사려 깊지 않아
겉도는 열정 거품으로 떠돌고
차가운 기상 너그럽지 못해
정의감에 사로잡힌 찻잔
마셔도 배부르지 않을 갈증
아팠던 목젖 포근해지도록
여전히 따뜻함을 채우며
빛나고 있다

영청다기影靑茶器

산청군 단성면에서
발견된 청자 파편
흰빛 태토胎土에 고인 침샘
하늘에 빚은 도공의 뜻인가
붓 자국마다 청량한 역사
효의 바탕은 충의 시작이요
의의 실천은 경의 근본이라
기운생동 머금은 이 땅의 절개
땅속에 묻혔던 찬연한 얼굴
햇빛에 반짝인다

요변천목窯變天目

감미로움 더하는 밤의 꽃
변화무쌍한 빛깔 꿈틀거리며
12세기하늘 강으로 떠 있었는가
왕우군王右軍 필법보다 날카로운 불꽃
대륙 복건성 건요 태생 사발
바래진 전 곱게 달구어
쏟아지는 별들의 번뜩임에도
안정과 조화를 추구했던 그릇
잔잔한 자태 과묵한 몸짓
여전히 밤하늘의 어둠을 밝히며
은하수로 떠 있다

탕정湯鼎

사람들아 끓는 솥
뜨거움을 안아보았는가
끓으면 비울 솥을
사람들이 아직도 채우고 있다
채우면 비우고 비우면 채우는 일
반복하는 느낌 다르듯이
시시각각으로 변하는 사람들아
사는 맛 뜨거움을 알기나 아느냐
불꽃 위에서 춤추는 맨살의 물
열정 없이는 끓일 수 없는 밥알
눈물 뚝뚝 흘리며 비우는 솥
세상살이가 비우는 일이라며
하루도 거르지 않을 하얀 외침
오늘도 소리치고 있다
뜨거운 밥처럼 살아가라고….

토야요土也窯

눈길 머문 찻잔 속의 달빛
고요 속에 잠든 청잣빛 꿈인가
골이 깊어 신비함을 더하는 밀양 땅
둥근 원으로 빚을 도자기陶瓷器
세월 빛 바래도 골짝마다 배어 있을
끝없는 열정 첫날밤 댕기풀이하듯
죽순처럼 뽑아 올렸던 손
뜬눈으로 지샐 때 변치 않을 흙
붓끝으로 스친 회오리 장작불 지펴
밤새도록 돌던 물레 자불 즈음
불덩이 안고 잠을 자는 그릇
매화 향기 닮은 듯이 고요한데
연지곤지 얼룩진 뽀얀 얼굴
새 생명 아기씨를 심었나봐
숨쉬는 찻잔 새벽녘에 붉어진다

무궁차無窮茶

아침이슬로 핀 꽃
휘영청 밝게 비출 때
누리 가득할 풍년 노래
시냇물 흐르듯 맑게 흘러
귀뚜라미 합창 따라
바삐 가는 사람들
시절 좋은 차 계절
피고 지고 또 피는 꽃과 같이
무궁무진할 우리 차 한잔
저녁달 뜨는 산하
삼시三時 때때 마셔봐도
끝없을 사직社稷 향기로워
흰 구름도 흐르고 흘러
달처럼 달고 이슬처럼 맑지요

다천茶泉에서

창원시 사림동 퇴촌에 가면
봉림산 샘물이 솟는다

순흥 안씨安氏 종가宗家에서
서울 김서방 집 찾기보다 쉬운
창원의 집 옆에 함안 조씨趙氏
학鶴같이 살고 있다

이름하여 '창원차사발박물관'
조선막사발 보며 전통을 복원이라도 하듯
금간 찻사발 사금파리를 조심스럽게 붙인
맘씨 좋은 주인과 차를 마시면
세상사 온갖 번뇌 다 사라진다

생각이 없으면 물욕도 없어
찻잔은 보기만 해도 만족스럽고
역사의 흔적을 보면서
사람 향기 배어든 찻잔을 들고
마음 가다듬어 하늘을 보면

봉림산 기운 몸속에 녹아
속이 다 시원해진다

퇴촌이란 이름이 말해주듯
일상의 벗어남이 이렇게 좋은 줄
찻물 마셔보면 알게 된다

오우당吾友堂

친구야 집 지었다
마산 중리 삼계에 삼층집
이리저리 빌린 돈
걱정되고 갈 길 멀어도
편하고 보기 좋아
열심히 노력하다보면
언젠가 진짜 내 집 될 테니까
끽다거喫茶去 말만 하지 말고
우리 집에 와서
차 한 잔 들고 가게

정다원情茶院

오일장 섰던 창원 상남
전통을 지킬 한옥 한 채
공원 맞은편 학교 옆에 있다
문 열면 바람에 흔들리는 모란
솔방울 화롯불 지피고
강렬한 정 불꽃처럼 타올라
떨리던 손 수줍은 입술 데워주고
부끄러운 마음도 태우며
증오와 미움마저 태워서
한 줌의 흙이 될지라도
온갖 사색 솔잎 향기 품어
훈훈한 김 음률의 솔바람
흐르는 시간 침묵의 눈동자
봄눈 녹듯 녹여내는 다전자茶煎子
요동치는 가슴 여전히 떨리고
불을 안고도 말없는 무쇠처럼
게눈에서 물고기 눈 되어갈 파장
평정 되찾을 마음의 고요
끓는 물 잊었던 기억 따뜻하다

활화택품活火擇品

물은 산수山水, 강수江水, 정수井水 순
물이 맑아야 살기도 편해
더운물로 찻잎 씻고
냉기와 먼지 제거하시면서
그릇은 은재, 주석, 자기, 석재 순
격조 높은 행다行茶 솜씨 품격 높아도
노탕老湯 전에 탕관 내려
구르며 떨리고 놀라는 소리 순으로
급류를 마시면 목 병난다는 할아버지
물이 좋아야 차신령 만날 수 있지
평준화 수돗물 끓는 소리 들으며
전기전자電氣煎子로 작설차 우릴 때
세상 참 많이 변했다며
바다와 강이 살을 섞는 을숙도 저녁놀
갈대밭이 다 탄다

제5부

산을 마시며

천지차를 마시며

차는 민족의 혈액인가
한잔 한잔 마시며 피가 되는 물
폭포를 마시듯 천지를 마실 때
흰 뼈를 나눈 형제들
큰 웅덩이에 고이는 마음
한솥밥 먹으며 젖과 같은 차
마주 앉은 순간마다 함께 잔 비우고도
버리지 못한 이념 하얀 거품 일고
천둥 소리에 놀란 비바람의 역사
몸을 섞고도 날선 이 땅
아직도 마을 앞 소나무는 푸를까
짐승처럼 웅크린 산하 바람도 움츠리며
가슴에 손을 얹고 고뇌하는 날
하늘 땅 마시어 하나 되지 못하고
밤마다 한 몸 될 꿈을 꾸면서도
어느새 붉은 피 젖어 있는가
폭포의 생명 오늘도 흐르고 흘러
깨닫지 못한 어리석음 씻으려고
흰 구름 창공에 부서지며

백두산 압록 강물 발해만을 지나
물보다 진한 피 남해로 흘러
뜨거운 가슴으로 큰 뜻을 펼치며
마실 차 한잔 식지는 말아야지

魚目

찻물 끓이는 사람들
속끓이는 일 없도록
솟아오르는 물방울
물고기 형상 닮았나
눈도 깜빡거리지 않고
사람 말 알아들은 물고기
입을 버끔이며 하는 말
말 많은 사람들 입 조심
물먹은 물고기 즐겁고
물먹은 사람 서럽다며
물고기 물먹는 얘기
오늘도 하고 있다

고씨 마을에서

고조선의 자손 부여
부여의 자손 고구려
원시의 본을 아는가
마한 진한 변한의 땅
신라, 백제, 가야 형제들
농사법 터득한 물 한 그릇
풍농차 한 잔 나누며
똑바로 보이는 고향
기름지게 할 이 땅의 책
정성을 다해 바로 펴면
예법 본받을 차례 감응하여
조상의 자손들 아이 낳아
세상중심(中華)이 된 고구려
오늘도 아이 낳아 절하며
고씨례高氏禮할 농악 소리
신명을 더한다

다색호방茶色豪放

청정한 무애사발
제 몸 태우지 못하고
차돌같이 반듯한 모습
분별 없는 반야의 평등
불을 품고 살았나
끓는 물속 뛰어드는 찻잎
더 넓은 세상 품고 사는 일
무의식 세계 분별 없다며
진정한 용기 행동으로 보여주고
꺼지지 않을 씩씩한 불꽃
죽절竹節 더뎅이로 남아
행한 일 자각치 말라며
차별 없는 삶 일러줄 찻잔
넓고도 둥근 바닥이다

다적론茶跡論

향긋함이 배어 있을 다완
묵직한 색깔 투박한 주름살
다보茶譜 찾아가는 기쁨 있을까
차의 경과 록 펼쳐들고
소와 논을 소리 내어 읽을 때
조화로운 불길 흥겨운 차의 가락
무심하게 빚는 도공의 노래인가
끓인 속 투명한 물
몸과 마음 안정시킬 음률
검소함을 우려내어 담담하고
고향 정성으로 담은 속내
목마름 축여줄 용뇌사향龍惱麝香
외로움을 말없이 달래주며
정좌한 맛 침착한 그릇
뼈마디 사이마다 상쾌한 흔적
살아서 숨을 쉰다

차의 계절

마음을 닫고 사는 동네
창가에 심은 나무 한 그루
꽃망울 툭툭 터트리고
바람이 꽃잎을 애무할 즈음
알몸이었던 가지마다
진심의 문을 여는 자목련
연두색 산을 바라보며
제 빛깔로 돋은 새순처럼
품은 색깔 그대로 보여주며
설레는 마음 짙어졌을까
우리도 대문 활짝 열고
뜰 마당에 자리 펴서
우거질 정 꽃피우며
이웃과 함께 둘러앉아
마셔볼 계절이 되었나 보다
잘 휘저은 다유茶乳 한 사발
천진난만함을 닮은 듯
봄볕이 따스해진다

좋은 생각

헐벗은 산 옷을 갈아입을 때
걸어서 생각하고 뛰면서 순간포착
누워 궁리하고 앉아 연구하는 일
뒤떨어진 시대 안이한 생각
걸친 옷 하나 둘 거짓 벗으려
찰나의 삶에 만족하는 사람들을 보며
체면 버리고 허물도 필요 없다고
발가벗은 숲, 머물 곳 없는 진실
옷을 벗은 겨울나무들인가
앙상한 가지에 얼어붙은 사유思惟
찻물 뜨거워지는 창의력으로
다시, 앉아 궁리 걸으면서 깊이 사색
뛰면서 연구하다 보면 세상이치 잘도 보일 듯
시방은 찻물 우려내기 딱 좋은 시간
일상에 갇힌 생활 여유가 필요한 오늘이다

예천정醴泉亭

분청다관 차 달일 때
다향은 선남선녀의 웃음
시원한 바람 상쾌한 만남
찻잔에 고인 흰 구름도 멈춰
백년해로 할 옥수玉水 달여
젖처럼 달콤했던 평온한 하루
억새꽃 바람에 흔들리며
다디단 날들의 합창도 흩어지고
침묵이 흐르는 밤의 적막 속으로
잘 우려낸 찻물 사라진 세월
손때 묻은 다기 아침을 맞이하며
대를 이을 전통예법 지키려고
망새(雉尾)의 미소로 끓이는 샘물
무량無量한 외로움도 함께 우려서
학처럼 길고 긴 목을 적시고 있다

제월차霽月茶

제비가 둥지 찾아오니
석류는 싹을 피우고
바람 불어 벚꽃이 질 무렵
둥글레 웃으며 조롱조롱 열리는
봄의 끝자락 능성을 타며
이해타산 넘어서는 자욱한 안개
잘 우려진 찻잔 속 달빛인가
잔잔한 물결 차분한 마음
백자에 투영된 초록빛 화합을
검소하게 아우르는 물빛
하늘에 떠 있다고 다 백로인가
흔들리며 고요해지는 순간
보리 팬 논밭 찾기 힘들어도
비상하는 연작燕雀들이
새 천년을 밝힌다

탈속脫俗

여명이 밝아오는 날
흙 파먹어야 한다던 장씨
농사박사라 불러도 좋으련만
땅거미 내릴 때까지
길고 긴 사래밭에서
태양 빛 머금은 밭고랑
온종일 잡초 뽑으며
어둠이 내리지 않는다고
기다림의 하루
흙은 밥 되지 않는다며
버리고 떠난 서마지기 땅
노을 지는 달빛으로 시를 쓰고
참깨 꽃 부지런함으로
맹탕 같은 녹차 마시며
절약은 인색함이 아니라며
웃음꽃 핀 얼굴 시행 떠올리고
빛은 다시 어둠에 깔려
시편의 때 벗지 못했다며
타는 갈증 또 맹물 마시듯
깨꽃 눈물로 적은 하얀 시
하늘만 바라본다

산을 마시며

동트는 아침 해를 보며
산을 마시는 아비처럼
큰 산을 들이켜며
찻잔을 내려놓는다

큰 산에 올라서면 멀리 보이듯
큰 바위 바람에 흔들리지 않듯
맑은 동심 우려 큰 뜻을 품어보자
마시어 보자꾸나

한 잔에 몸을 바로잡고
한 잔에 맘을 가다듬고
한 잔에 숨을 고르면

달이 품에 안기듯
별들도 뚜렷이 보이는 산
푸른 마음 깊어지면
달도 별도 다 담을 수 있을 게다

다용茶容

흰 눈 내린 산
말갛게 우려낸 속마음을
내뿜는 하얀 다운茶雲처럼
끓은 물 아픔마저 보듬고
바람이 스치고 간 자리마다
광활한 대지 세월의 통증
상처 입은 사람 포근히 감싸며
천년설千年雪 초록 생애
묵직한 침묵에 쌓여
휘날리다 잠든 눈꽃송이
낮은 곳을 향한 산마루
믿음직한 얼굴이다

제민요술齊民要術

농서農書, 책갈피마다
잘 먹고 잘 배설시킬
건강한 생명
턱까지 먹고 마실 백성
턱도 안 찬다는 말
소화제 먹으며
삼키는 음식
호기심 발동할 어린이
꿈이 희망으로 변할 때
내일을 살게 할 책
숭늉 대신 생명의 물
차 마심으로 마감될
우리네 밥상머리에
적혀 있는 생의 본적
"농자천하지대본農者天下之大本"이
분명하다

춘설차春雪茶

차를 마신다 보릿고개에 앉아
나라경제 걱정하는 사람들 있을까
봄볕에 들풀 옹기종기 앉았을 때
차를 권했던 무등산 춘설헌
빚고을 의재 허백련 다인茶人도
다산 정약용 선생께서 말씀했듯이
음차흥국飮茶興國을 주창치 않았던가
검소한 푸름 발효시켜 퇴색되었으나
숙우熟盂에 몸을 푼 정갈한 찻잎
근본 변치 않을 초록으로 되살아
온화한 풍미 아롱이는 양지 밭
걱정될 앞날 데우고 있다

땅두릅차

우리 땅 삼림현판
“홍익인간 이용후생
 근검자립 협동평등”
실천하는 입지立志 나무
“자유평화 국태사회
 낙선호의 경례공명”
이룩할 숲
“불안불신 불화부실”
빽빽하게 돋은 가시
움켜쥔 손바닥
비비고 비비어서
불에 달인 나라
국민들이 마실 약차
“바른 양심 알찬 살림”
건강하게 감응한다

통영제호通靈醍醐

촛불 밝혀 향불 피워놓고
두 손 모아 차 공양할 사람
진한 정 머물렀던 자리마다
경애심 고여 있을 고배高杯
얼룩진 상처 닦으며
취하려고 마신 술 취하지 않아
잔 받침 하여 무릎꿇은 찻잔
떠난 슬픔 함께하여도
울지 않을 녹차 통증 씻어내며
흥에 겨운 차신령 너울너울 춤출까
태산泰山은 높다 말하지 않으며
산 위로 솟은 차나무 가지에 걸릴
축문기도 하늘 높이 휘날린다

헌다례獻茶禮

새순을 내어주는 가죽나무
찢어진 가지에도 진한 정 솟을까
동족에게 겨눈 우레 같은 포성
홍시 땡감 가리지 않을 태풍처럼
나라 위해 바친 장병 떨어지는 목숨
지지고 볶던 충성 멎은 산하에도
봄이 되면 혈육의 정 돋아
찻물 끓는 소리로 향불 피워서
님을 위해 차 대접할 시각時刻
어김없이 돌아온다

다담茶談

변치 않을 푸름
휘날리는 가을 뜰
차별 없이 사는 찻잎
쇠솥같이 무딘 품성
단풍 들지 않을 도반道伴
뜨거운 정 잊을까봐
무시로 드나드는 바람
애정을 지피는 화롯불인가
끓는 물에 잘 우려진 찻물
여전히 한여름이라며…
물속마저 푸르다

게눈〔蟹眼〕 이야기

눈 크게 뜨고도
보이지 않는 땅속
맑은 물에 자라는 물고기
깨끗한 물속은 보여
갯가 어른들
모진 삶이라 하여도
넓고 넓은 바다
둥글게 바라보며
흙내 맡던 게
주어진 몫 다하려
더 크게 눈 부릅뜨고
물속을 빙빙 돌며
찻물 끓이고 있다

풍류風流

봉림산 달빛 아래
찻잔 속 뜨거움으로
짙어지는 물빛 안개
이슬처럼 가벼울까
흐르고픈 진례산성 용추계곡
여울지는 초록 갈증
감당할 수 없는 깽깽이꽃 젊음
하늘바람에 휘둘리지 않을 열정
직근直根의 숲 그윽한 산기슭
봄 유람遊覽하는 장군차나무처럼
혈기를 식혀야 할 시간
거문고 선율처럼 밝은 세상
뜻이 클수록 하늘 높이 솟으며
집을 지어야지 집을 지어야지
우짖는 노고지리 노랫소리인 양
신록의 향기 자욱하다

● 해 설

이다득시以茶得詩의 길

-윤종덕 시인 『茶歌』의 詩 세계

강 희 근 ●시인 · 경상대학교 교수

1.

초의선사의 다시茶詩에 보면,

> 예부터 성현들은 모두 차를 즐겼다니
>
> 차는 군자처럼 성미에 사악함이 없어서라네

라 적혀 있다. 우리가 '다도茶道' 라는 말을 쓰는데 그것은 차의 성미 곧, 사악함이 없는 군자 같은 성미를 따르는 것이라 하면 틀리지 않을 것이다.

윤종덕 시집 『다가茶歌』에 실린 100편의 시詩가 지향하는 주제도 그 '다도' 에서 벗어나지 않음을 알 수 있다. 윤시인은 어찌하여 다도에 빠지게 된 것일까? 아니, 생활 전 공간이 다도의 현장이 된 것처럼 보이는 것일까?

우리는 그의 집중과 열도의 현장, 생생한 생체험의 정서 속으로 깊이 들어가 보고 그 질문을 스스로 해결해 내는 수밖에 없을 듯싶다.

2.

윤종덕 시인은 시인이면서 다인茶人이라 할 수 있다. 그의 차에 대한 전문성을 보면서 그렇게 부를 수 있다는 확신이 섰다. 차나무나 다기나 차의 역사, 차의 종류, 다법茶法, 음다飮茶에 대한 접근은 차에 대한 전방위 관심이요 접근이라 할 수 있기 때문이다.

시집의 머리시 「서문」을 보자.

찻물을 끓이며
솟은 구름으로
쓴 시의 잔盞…
꽃잎들을
이어 보았습니다
가슴을 찡하게 하는
금간 자국들 보이더라도
편편篇篇이

한 그릇의 밥처럼
허기진 마음 따뜻하게
양생養生 했으면
합니다

따온 문장이 시집 『다가茶歌』의 「서시」에 해당한다고 볼 때 이 한 편 속에 시인의 지향이나 인식이 그대로 녹아 있다고 할 수 있다. 우선 눈에 띄는 구절이 "찻물을 끓이며/ 솟은 구름으로/ 쓴 시의 잔盞…"이다. 시인에게는 차를 끓이는 일이 시를 만드는 길이라는 것과 다르지 않다. 앞에서 잠시 언급한 대로 다도는 곧 시인의 시도詩道인 셈이다. 그래서 시의 편편은 차의 '잔 잔' 이고 그것들이 각기 한 그릇의 밥이다. 특별히 차는 밥으로서 허기를 채워주는 양생하는 물이고 시 또한 밥으로서 정신의 허기를 채우고 양생하는 문장인 것이다.

3.

윤시인은 편편에서 차 마시는 이유를 드러내 준다. 그런데 「차를 마시며」라는 시는 의도적이거나 작위적인 관념이 없어서 쉽게 다가온다.

차 마시는 일은
녹은 향기와 녹는 색깔과 녹일 마음으로

굳은 마음 평정하여 물에 풀어놓는 일

이미 젖어드는 몸
차가 자신을 마시듯
마음 비워야 할 상쾌함이
가슴에 쏟아진다

마시기도 전에 향기롭고
비우기도 전에 보여지는
찻잔을 잡으며 마시고 비우는 일
반복하고 되풀이하는 연습

녹아 있는 색깔
그대로의 맛을 느끼며
향기로운 삶 가질 수 있는 이
잘 우려진 정갈한 사람 되리라

-「차를 마시며」 전문

차를 마신다는 것은 향기와 색깔과 마음이 하나로 어우러지는 것이고, 마음 비워서 상쾌해진다는 것이고, 향기에 젖어 비워내는 것이고, 향기롭고 정갈한 사람이 된다는 것이다. 그러므로 차를 마시는 일이 '도道'라고 이를 만한 것이다. 그런데 그런 지향은 이해가 가지만 어떤 모습으로 정갈하게 되는가?

라는 물음을 던질 때 거기에 대한 대답은 딱히 정리되어 드러나지 않고 있다. 그것이 다도의 한 구석진 부분이 되기도 할 터이지만 인간이 갖는 한계를 보이는 것일 수도 있으리라. 다만, 시인은 "찻잔을 잡으며 마시고 비우는 일/ 반복하고 되풀이하는 연습"이라 하여 다도는 단숨에 지금 현재의 결실로 보여지는 일이 아님을 암시해 주고 있다.

그리하여 시인은 다인茶人이 되는 과정을 노래하면서 그 길이 쉽지 않음을 말한다.

한 잔의 차를 마시며
손은 공손하고 발은 무겁게
얼굴빛 온화하고 머리 바르게
숨 고르며 마음 편안하게
밝은 감정 의젓한 행동
신중한 말소리 고요하여
무심코 마셨던 차
음다飮茶로 조금 느꼈을 때
행다行茶의 소중함을 깨달았고
세월 흘러 끽다喫茶로
모든 걸 잊어버리고
진정으로 차의 모습
찾아가는 사람들
마시는 즐거움으로

다인茶人이 되나보다

—「찻잔 속의 얼굴」 전문

따옴시는 차 마시는 일이 결코 단순한 절차가 아니라는 사실을 확인하게 해준다. 음다飮茶가 있고, 행다行多가 있고, 끽다喫茶가 있다는 것인데 그중에서도 '행다'는 '행다례'를 두고 쓰는 말이 아닌가 한다. 어쨌거나 따옴시는 6행까지는 '행다'의 마음가짐에 관한 내용이다. 이 마음가짐은 조선 중기 이율곡의 「격몽요결」에 나오는 '구용九容'과 관련이 있어 보인다.

① 족용중足容重(발의 용모는 무겁게 움직여야 한다). ② 수용공手容恭(손의 모양은 공손해야 한다). ③ 목용단目容端(눈의 용모는 단정해야 한다). ④ 구용지口容止(입의 용모는 신중해야 한다) ⑤ 성용정聲容靜(소리의 용모는 조용해야 한다). ⑥ 두용직頭容直(머리 모양은 똑바로 해야 한다). ⑦ 기용숙氣容肅(숨소리 용태는 정숙해야 한다). ⑧ 입용덕立容德(서 있는 용모는 의젓해야 한다). ⑨ 색용장色容壯(얼굴의 용모는 장엄해야 한다). 윤시인의 「찻잔 속의 얼굴」도 크게 보면 그 구용의 변용으로 읽힌다.

어쨌거나 윤시인은 진정한 다인은 '마시는 즐거움'에 들어야 다인인 것으로 보는 것 같다. 얼마나 마셔야 그 마시는 즐거움에 드는 것일까? 하루 대여섯 잔씩 5년이 경과하면 되는 것일까. 10년이면 가능한 것일까. 시를 아는 것도 그 범주일 것이니 어쩌면 '다시일체茶詩一體'라는 말이 거짓이 아님을 아울러 깨닫게 되는 것일 터이다.

4.

차를 마시면서 즐거움에 든다는 것은 '그냥 마시는' 경지와 다를 바가 없다. 윤시인은 「무의차無意茶」에서 차는 '그냥 마시는 거' 라고 강조한다.

말없이 사랑한다고
속삭이면 안되나
맹물을 마셔야 하는
이유조차 느낄 수 없어
마셔도 찾을 길 없는 차
그냥 마시는 거라고
길고 긴 날 밤 다짐하면서
무의미가 의미라고 말했던
시를 읊조리며
우주의 호흡으로 출렁이는 해일처럼
지구를 들었다 놓았다 반복하면서
차 이름을 부를 때
바다로 떠난 사람
말 없는 속삭임 출렁거리고
맛없음이 제일 좋은 맛이라며
파도가 일러주고 있다

–「무의차」 전문

따옴시는 마시고 마셔도 차 마시는 뜻을 풀 수 없어 '그냥 마시는 것' 일 뿐이라는 생각을 했다는 내용이다. 그러면서 화자는 '무의미의 시' 를 생각했다는 것이다. 무의미 시론을 편 사람은 김춘수 시인이다. "내가 그의 이름을 불러 주었을 때/ 그는 내게로 와서 꽃이 되었다"라고 쓴 「꽃」은 무의미가 아니다. 아직 김춘수가 시의 언어적 기능에다 희망을 품고 있을 때 쓴 시인데 시적 생애의 장년기에 가서 그는 시에서 의미를 포기해버렸다. 시로써 할 수 있는 것이, 그 언어적 실용능력이 기대할 것이 없다고 보면서 그는 도저한 언어의 산맥에다 도전장을 낸 것이다. 해석에 따라서는 언어를 제거한 상태의 어떤 선禪적인 경지를 바라보는 것일 수도 있다고 말한다.

윤시인의 '그냥 마시는 거' 또한 행다 문화에 내는 조그만 도전장 같은 의미가 담긴 것은 아닐까? 그냥 마시기, 자연스레 되는 대로 마시기, 형식이 먼저가 아니라는 깨달음, 아니면 그러함의 단초를 보이는 깨달음은 아닐까?

이런 자세에서 윤시인은 시 「다고랑茶鼓浪」에서 자판기 커피의 음다 행태에 대해 비판한다.

청자 빙렬氷裂 사이로
옛사람 물 끓는 소리
무늬로 보여준다
작은 기포 게의 눈
조금 큰 것 새우 눈

좀 더 큰 것은 물고기 눈
그 다음 이음구슬이라
커피를 뽑아 마시는 사람들
이젠 농사도 짓지 않아
농악대 소리 없듯
편리함에 갇힌 물
끓는 소리 안 들리는 자판기
표현하지 않고도
살 수 있어 생각 없는 세상
종이컵이 말을 한다
"이제, 종鐘 울려 작업할 시간
나를 쓰레기통에 버려주세요"
소모품이 된 생명 버려질 때
뜨거운 차 물결치는 소리
들려온다

-「다고랑茶鼓浪」 전문

따옴시에서 화자는 청자 잔의 빙렬 사이로 옛 선인들의 차 끓이는 소리를 듣는다는 내용을 담고 있다. 거기에 비해 오늘의 자판기는 빙렬이 없고 역사도 없고 주전자에서 끓이는 절차도 없는 인스턴트 식품의 하나일 뿐이라는 점에 주목하고 있다. 그렇다고 농악대가 울려 주는 농악 소리가 곁들이는 것도 아니고, 단순한 종이컵에 채워진 물이 비워지고 나면 그 종이컵은

쓰레기통으로 가고 마는, 편리와 능률이라는 이름의 문명에 속하는 음다, 그것이 도무지 도가 될 수 없는 것이 아닌가. 차는 우리에게 그때마다 '물결치는 소리'를 들려주어야 하는 것, 살아 있는 문화로서의 격格 같은 것을 잡아주어야 하는 것이라는 점, 그런 점을 「다고랑」은 일깨워 주고 있다는 것이다. 이 시에서 우리는 자판기 커피가 무의차이기는 커녕 '유의차有意茶'의 경지에도 가 닿지 못하는 것임을 확인하고, 새삼 옷깃을 여미고 경다傾茶에 들어갈 채비를 하게 해준다. 시가 있어서 차가 따라 있는, 그런 실감으로 독자를 이끌어 준다는 말에 다름 아니다.

5.

차茶는 '잘 우려낸' 데서 좋은 맛을 즐길 수 있을 것이다. 아울러 마음이 잘 우려내진 행다법에서 함께 마시는 이들이 신뢰와 행복감에 젖어들게 될 것이다. 시도 그렇다. 특별히 잘 쓰기 위해 어깨에 힘이 들어가면 시가 오히려 경직되어 감동을 주지 못하는 결과가 될 것이다. 자연스러운 행다, 자연스러운 시법詩法이 그래서 필요한 것이라 하겠다.

> 책을 마시듯
> 찻잔을 펼쳐든다

풀벌레 귀뚜라미 노래
흐르는 계곡 물소리
청 청 청 젖어드는구나

이슬아 달래야
깨끗한 물에 손을 펼쳐 보아라
볼록이는 숨구멍마다
청아한 물소리 난다

달빛에 세수한 책
햇빛에 반짝이는 책
신비의 세계는 상상하며 읽는 책

책을 읽으며 자라나는 아이처럼
물고기도 물 마셔 몸집 커진다

–「찻물이 끓으면」 전문

따옴시는 찻잔에서 청아한 물소리를 듣는 시이다. 시에서 군더더기가 없이 깨끗한, 개울물처럼 살아 있는 물 한 잔 퍼 마시는 느낌을 받는다. 자연스럽다. 말이 까다롭게 심층의 깊이로 들어가서 길을 잃어버리는 일도 없이 분복에 있는 말, 분복에 봉사하는 말을 찾아서 흐르고 있다는 느낌을 준다. 비유는 찻잔을 책으로 비유한 정도인데 그 비유가 놀라울 정도로 적합한 것으로 읽힌다. "달빛에 세수한 책/ 햇빛에 반짝이는 책/ 신비의 세계는 상상하며 읽은 책"에서 그 비유의 적절성이 드러난다. 여기에 무슨 설명이 필요한가? 현상과 상상이 긴장 관계를 보이면서도 우리의 일상이 받아넘길 수 있는 쉬운 곡절을 껴안고 있다. 여기에는 관념 중심의 진술도 없고 의식 중심의 가라앉는 리듬도 없다. 깨끗함, 청아, 달빛, 햇빛, 거기다 상상이 흐르고 있다. 시가 필요한 것이라면 「찻물이 끓으면」을 읽으면 그 해답을 얻을 수 있다.

「차움」 같은 시는 자연스럽다.

흰 눈 내리는 산비탈에 다소곳이 앉아
별과 함께 도란도란 꿈꾸는 나무들
폭설에도 푸름 잃지 않고
바람에도 흔들림이 없다
견디지 못할 고통이 어디에 있느냐
풀어내지 못할 삶의 매듭이 어디에 있느냐
희망 가지에 펄럭이는 일창이기一槍二旗
첫새벽 맺힌 이슬 움 하나 가져
고요한 산 봄비 내리고 청명한 햇살 돋을 때
한 잎 두 잎 잎을 따는 아낙의 손길로
가마솥에 몸과 마음 익어 가는 차
불꽃은 잉태의 선물, 움들이 향香으로
피어난다

－「차움」 전문

따옴시는 차움이 향으로 피어나는 과정을 말하고 있다. 그 과정이 까다로운 부분도 있겠지만 화자로서는 그 과정의 복판에서서 쓸데없는 군말을 제끼고 거기에 있는 진실, 체험 그 자체를 읊고 있다. 5행과 6행에서 "견디지 못할 고통이 어디에 있느냐/ 풀어내지 못할 삶의 매듭이 어디에 있느냐"라고 딴전 피우듯 하는 말이 참으로 시원하고 훤칠하다. 시에서 '사무사思無邪'를 찾는다면 이만한 경지가 사무사라 할 수 있을까 한다. 자연스러운 쪽으로 시가 흐른다면 그럴 경우 시인은 그 일의 어깨나 머리 위에서 그 일을 조감하고 있는 경우라 할 것이다. 차에 대한 시인의 궁구나 체험이 일정한 수준에 올라 서 있다는 증거가 아닐까 한다.

6.

윤종덕 시인은 다인茶人 내지 다인茶人의 경지에 가 있는 듯이 보인다. 그의 차 일체에 대한 섭렵과 꿕다 수준의 교양이 그를 '다인'으로 불러 손색이 없으리라 여겨지기 때문이다. 다만 그의 시도 그의 다인적 섭렵의 수평과 함께 가는 것이긴 하지만 워낙 다도의 깊이가 깊이를 측정하기 힘드는 것처럼 시적 경지의 수평도 그것에 함께 어울리는 것이기 때문에, 지금 당장 그 위상을 잰다는 일은 쉽지 않다 하겠다.

그러나 그의 중요한 국면의 시편들은 이미 '그냥 마시는 것'으로서의 차처럼 자연스런 말법과 향기를 획득해 가고 있음이 확인된다.

이다득도以茶得道라는 말을 쓸 수 있다면 그는 이번 시집 『다가茶歌』로서 이다득시以茶得詩의 가능성을 충분히 보여준 것으로 볼 수 있다. 필자가 시창작론에서 주장한 대로 좋은 시인은 대상에 매달리는 열도가 높을 때 우리에게 다가온다는 것은 지금으로서 새삼스런 주장일 수가 없다. 윤시인이 우리에게로 성큼성큼 다가오고 있으니까….